Nora Schmidt

Handbuch Ponyreiten

Verlag:
Nora Schmidt
Falkstr. 25
12053 Berlin
hallo@ponywahnsinn.de

Druck: epubli – ein Service der neopubli GmbH, Berlin

Für Frieda Sou.

Inhalt

Das Pony 7
Der Körperbau 8
Die Augen 11
Die Fortbewegung 12
Die Laute 13
Die Ponytypen 15
Die Schrecke 15
Die Schnecke 20
Die Anschaffung 23
Der Transport 27
Die Ankunft 28
Die Ausrüstung 30
Das Reiten 32
Die Trainerwahl 37
Die Disziplinen 38
Die Freiheitsdressur 38
Geländereiten 40
Dressur/Springen/Turnierreiten 41
Zu guter Letzt 46

Das Pony

**Abb.: Histor. Foto aus Dr. Dr. Karl Kugels "Das erste Pony der Welt", 1745*

Das ist ein Pony. Ein Pony ist eine runde Sache.
Häufig wird das Pony auch als "Reithamster", "Stoppelhopser", "Rollkoffer" oder "Reitmurmel" bezeichnet.
Die meisten Ponys halten sich bevorzugt im Freien auf, manche stehen aber auch im Stall.

Wohnen mehrere Reitmurmeln in einem Gebäude, so nennt man dieses "Kugellager".

Der Körperbau

(Exterieur, Radius)

Merke: ein Pony hat keine Ecken!

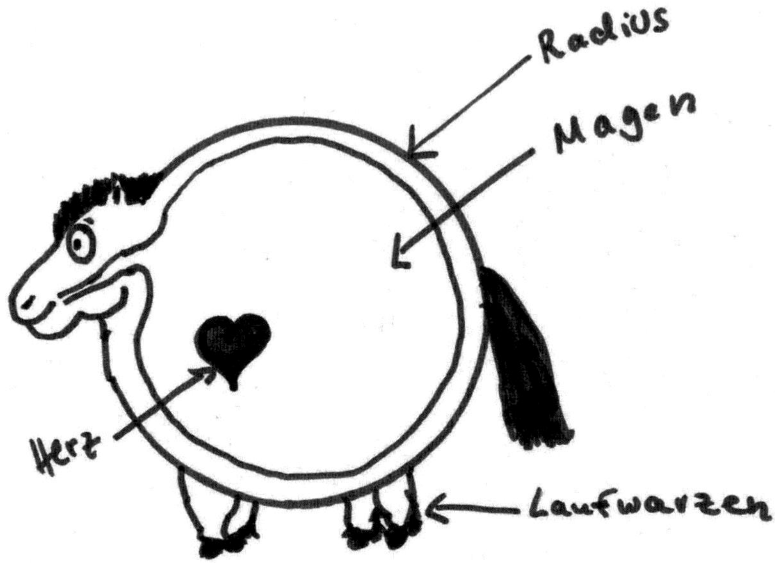

Zeichnung aus: Dr. Herumkugel, "Im Zeichen des Kreises – Atlas der Ponytomie", 1882

Die Fortbewegung eines Ponys, sofern eine solche denn existiert, basiert auf einem einfachen Rollmechanismus. Um ungehindert von A (Apfel) nach B (Banane) rollen zu können, ist das Pony von Natur aus kantenlos und verfügt über ein kugelrundes Gebäude.

Die inneren Organe sind zweckmäßig im Inneren des Exterieurkreises angebracht und beschränken sich auf ein meist großes Herz sowie einen den Rest des Körperinneren einnehmenden Magens.

Ein Ponymagen ist so groß wie zehn Fußballfelder.

Praktischerweise verfügt ein Ponykörper über eine eingebaute Saugfunktion, die es ihm ermöglicht, jeden noch so kleinen Strohhalm einzuatmen.
Aufgrund eines Konstruktionsfehlers bei einigen Ponys verstopft der Beutel jedoch zuweilen, was die Haltung eines strohsaugenden Stoppelhopsers in einem Kugellager verkomplizieren kann. In diesem Fall ist die Freilandhaltung auf einem Sandauslauf oder einem, der kreisrunden Anatomie angepassten, Rollrasen vorzuziehen.

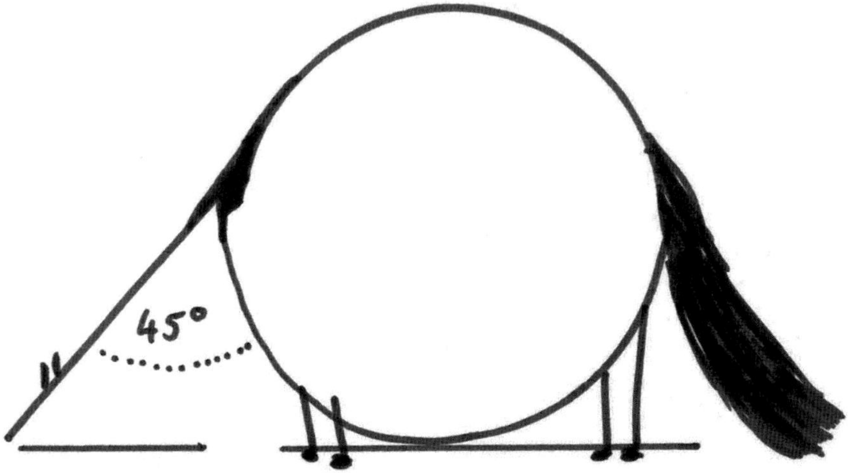

Zeichnung aus: Dr. Isolde Schneekugel, "Die mathematische Analyse der Winkelverhältnisse bei Huf und Klauentieren", 1882

Da das Pony ohne Pause frisst, ist es ihm anatomisch nicht, nie und niemals möglich, den Kopf vollständig zu heben. Ein Ponyhals - sofern denn vorhanden - wächst im Winkel von 45 Grad zum Boden.
Hieraus resultiert ein überproportional großes Kopfgewicht, das sich charakterlich häufig in einer "Dickschädeligkeit" des Tieres bemerkbar macht.

Die Augen

Die meisten Ponys haben keine Augen.

Wenn doch, fallen sie ihnen oft schon in jungen Jahren aus dem Kopf (vgl. Ausritt, Plastiktüte, Schmetterling).

Die Fortbewegung

Ponys sind mit einem kraftvollen Heckantrieb ausgestattet.

Die Laute

Im Gegensatz zu Pferden, verständigen sich Ponys untereinander hauptsächlich über Schmatzlaute.
Dies klingt etwa wie ein genuscheltes 'Nomnomnom'.
Studien haben ergeben, dass sich die Kommunikation von Ponys untereinander thematisch überwiegend auf die benötigte Kauleistung für verschiedene Gräser so wie die Geschmacksrichtungen von Heuhalmen beschränkt.

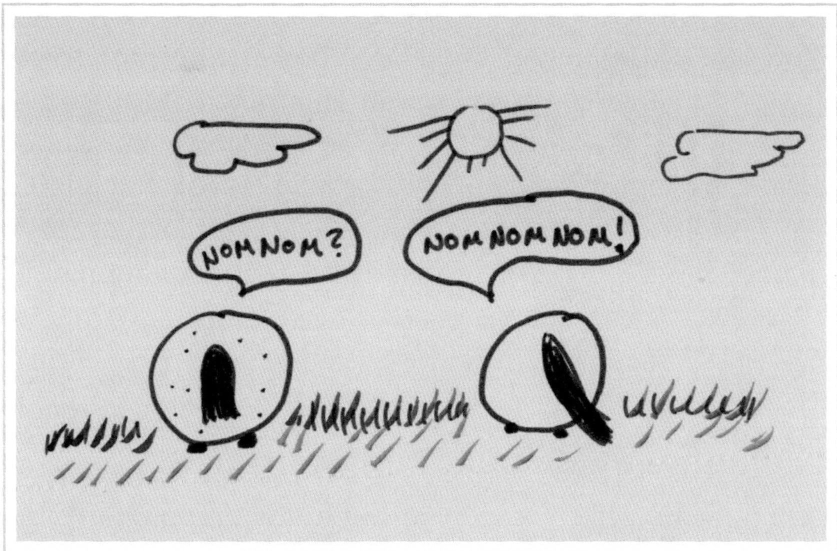

**Abb.: Hier ist dem Fotografen (unbekannt) eine wunderbare Aufnahme von zweierlei Ponyvertretern in freier Wildbahn gelungen.
Das Bild entstand in Nomnomwegen/Ponysistan und zeigt deutlich das Kommunikationsverhalten der kreisrunden Huftiere bei der Nahrungsaufnahme.*

Beim Verzehr von Möhren oder Äpfeln, können Ponys begeisterte Schnurps- und Knurpslaute von sich geben. In der Regel treten diese in der Kombination mit verstärktem Speichelfluss auf.

**Expertentipp Ausrüstung! Widerstandsfähige Allwetterkleidung mit einer Wassersäule von mindestens 3000 mm und/oder ein Regenschirm, verhindert die Berieselung mit nahrungsdurchsetztem Ponyspeichel. Bananenreste können lediglich mit Spezialwaschmitteln aus Haar und Kleidung entfernt werden!*

Die Ponytypen

Grundsätzlich gibt es drei Typen von Ponys.
Die Schrecke, die Schnecke und die Schreckschnecke.
Letztere ist eine besondere Kombination, auf die noch gesondert eingegangen werden soll.
Zunächst sei unsere Aufmerksamkeit der Schrecke gewidmet.

Die Schrecke

Die Schrecke kann oft namhafte Hasen- oder Kaninchenvorfahren in ihrem Stammbaum vorweisen. Eine bekannte Schreckenlinie geht auf den Vererber "Ach du Schande" zurück, dessen legendäres Hakenschlagvermögen und dessen Hasenherz in der Vererbung äußerst dominant ist, was sich besonders im Reitverhalten seiner Nachfahren niederschlägt. Aufgrund seiner extremen Schreckhaftigkeit konnte „Ach du Schande" nie fotografisch festgehalten werden.

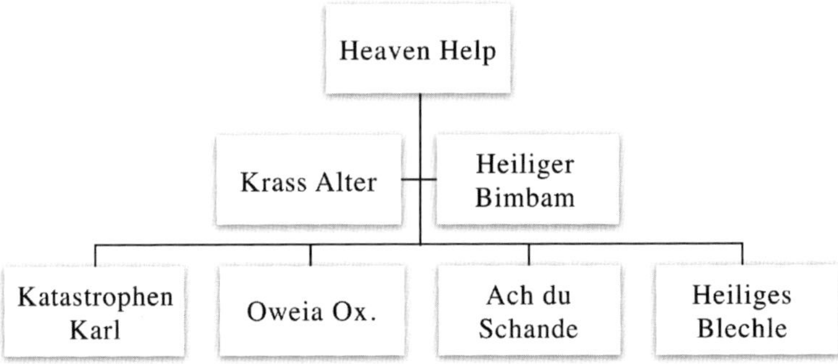

Forschungen haben ergeben, dass bei Schrecken häufig ein Programmierfehler vorliegt, dem bisher noch nicht beigekommen wurde, aufgrund dessen sich aber schon ein eigener Wirtschaftszweig entwickelt hat.
Die Scheutraining-und Gelassenheitsprüfungsindustrie profitiert stark vom Programmierfehler der Schrecken und sichert zahlreichen Menschen ein lukratives Einkommen.
Der Programmierfehler gestaltet sich wie folgt: Die Festplatte im Kopf der Schrecke wird nach jeder gerittenen Runde neu gestartet. Dieser Neustart hat zur Folge, dass jedwedes Objekt in und um die Bahn mit jeder Runde von der Schrecke als „neu" klassifiziert wird, und dadurch keine Gewöhnung stattfinden kann. Nie. Ein beispielsweise bei „B" stehendes Cavaletti wird vom Tier somit bei jedem vorbei, oder, mit etwas Glück, darüber Reiten, als „noch nie gesehen" eingestuft. Gleiches gilt für Bälle, Blumen, Menschen, Regenschirme, Hunde, Luftballons, Dinosaurier und Pylonen.

Dies führt zu wiederholten Schreckanfällen des Ponys mit unbekanntem Ausgang. Da eine Fläche von 20 m x 40 m eine begrenzte zurückzulegende Strecke mit sich bringt, verbringt der Ponyreiter einen großen Teil seiner Reitzeit in der Bahn mit dem wiederholten Durchlauf folgender Phasen, hier verdeutlicht mit einem Blumentopf (bepflanzt).
Als furchteinflößendes Beispiel:

Peilung

hier kann das Pony das Objekt des Schreckens noch nicht deutlich erkennen, aber bereits „fühlen", dies führt unweigerlich zur Phase der

Ablenkung

hier bereitet sich das Pony bereits seelisch auf das nun schemenhaft am anderen Ende der Reitbahn erkennbare Objekt vor und kann sich, verständlicherweise, unmöglich auf eine ihm abverlangte Lektion konzentrieren. Zu erkennen ist die

Ablenkung durch in Richtung des Blumentopfes gestellte Ohren und ein deutliches Anheben des Kopfes. Damit wird die nächste Phase eingeleitet.

Kontrollverlust

in Anbetracht des sich bereits in seinem Sichtfeld befindlichen Blumentopfes, versteift sich der Körper des Ponys. Der Reiter hat nun mittlerweile das Gefühl, sich als blinder Passagier auf einer Kanonenkugel zu befinden. Laute Schnorchelgeräusche weisen unweigerlich auf den Zenit hin. Manchmal versucht der Reithamster diesen mittels unkontrolliertem Seitwärtslaufen zu umgehen. Dabei bilden auch Reitelefanten kein Hindernis und werden häufig unfreiwillige Opfer von Zusammenstößen mit dem vierbeinigen Querschläger.

Plötzlicher Herztod

auf Höhe des Objektes, hier ein Blumentopf, kommt es zum Herzkalabaster. Das Pony fällt tot um. Jede Runde auf's Neue.

Insiderwissen:

Routinierte Schreckenreiter sind dadurch zu erkennen, dass sie, auch ohne Pony, Dingen wie blauen Plastiktüten, Regenschirmen oder aus dem Nichts auftauchenden Baumstämmen am Wegesrand erhöhte Aufmerksamkeit zollen („Hörst du mir überhaupt zu?" „Entschuldige! MEIN GOTT! Da! Die Tüte!").

Die Schnecke

Ein weiterer Ponytyp ist die Schnecke. Diese hat in ihrem Stammbaum überwiegend Schildkröten und Kriechtiere aufzuweisen. Eine anatomische Besonderheit ist die zentimeterdicke Hornhaut, die sich an den Bauchseiten der Schnecke befindet. Sich durch Schneckengenerationen ziehendes, verstärktes Treibverhalten von Schneckenreitern hat zu dieser Hornhautansammlung geführt und sorgt für eine Immunität der Schnecke gegen den reiterlichen Schenkel. Eine ähnliche Hornhaut befindet sich auf dem Hinterteil der Schnecke, wo selbst beherzte Gertenschläge, insbesondere sehr junger Reiterinnen, im Nichts verpuffen.

Im Gegensatz zur Schrecke, interessiert sich die Schnecke für Pylonen und Tüten einen feuchten Kehricht.

Meist bemerkt sie diese nicht mal und kommt gelegentlich beinahe zu Fall, da sie diese - im Zustand einer Dauermeditation - nicht einmal bemerkt hat. In der Bahn kann die Schnecke andere manchmal zu riskanten Überholmanövern verleiten. Überdies bringt eine Schnecke einen Mehraufwand in Bezug auf die Pflege des Reitbahnbodens mit sich, da sie beim Schlurfen tiefe Furchen in den Boden zieht.
Alles über Schrittgeschwindigkeit ist der Schnecke zu rasant. Es sei denn, das Futter ist nah: Dann verwandelt sich die Schnecke in einen Gepard und knattert, fröhlich furzend, schnell wie der Wind Richtung Nahrung.

Die Schreckschnecke

Als dritter Ponytyp sei hier noch die Schreckschnecke erwähnt. Sie ist relativ unberechenbar, da sich ihr Zustand von „sich im Tiefschlaf befindlich" zu „komplett ausrastend" zu jeder Zeit unangekündigt ändern kann. Schreckschneckenreiter lieben Überraschungen. Sagen sie.

Die Anschaffung

Ponys sind neu und gebraucht erhältlich.

Die günstigsten Ponys gibt es auf dem Pferdemarkt. Fehlende Beine, Augen oder Zähne reduzieren den Preis oft erheblich (vgl.: „Schrottpony").

Auch gebrauchte Ponys aus Schulbetrieben sind oft zu einem Schnäppchenpreis zu haben.
Diese Ponys sind serienmäßig mit Betoneinlagen in den Mundwinkeln, einer extra Hornhautschicht im Flankenbereich und einem Autopiloten im Kreis-lauf-Modus ausgestattet.
Schulponys können nicht einzeln, sondern ausschließlich als Glieder einer Kette erworben werden, in der die einzelnen Pony-Bestandteile nach dem Schema Schweif-Nase-Schweif-Nase usw. miteinander verbunden sind.
Der günstige Paketpreis führt oft zur Entscheidung der Anschaffung einer solchen Ponykette.

Gebrauchte Ponys aus Privathaushalten variieren stark in ihrer Qualität. Interessant ist hier die bisherige Verwendung des Tieres und die Beziehung des Ponys zu seinem Besitzer. Haben die beiden bis dato nur zusammen in der Kneipe herumgelungert, steht dem neuen Besitzer mehr Arbeit ins Haus, als wenn das Pony sich regelmäßig sportlich betätigt hat.

Fabrikneue Ponys sind beim Züchter erhältlich. Hier ist die Abstammung das A und O! Überwiegen beispielsweise Kamelvorfahren, kann dies im späteren Verlauf der Ausbildung zu Rittigkeitsproblemen führen. Auch zu einer Ankaufsuntersuchung durch den Tierarzt wird geraten, um eventuelle Mängel auszuschließen, die weitere Kosten nach sich ziehen können. Hier können Röntgen- oder Ultraschallaufnahmen sehr aufschlussreich sein.

Der Transport

Ponys lassen sich aufgrund ihrer Anatomie am besten rollend transportieren. Obacht: Ein eckiger Anhänger entspricht nicht dem Exterieur des Ponys!
Hier sollte auf kreisrunde Modelle zurückgegriffen werden.

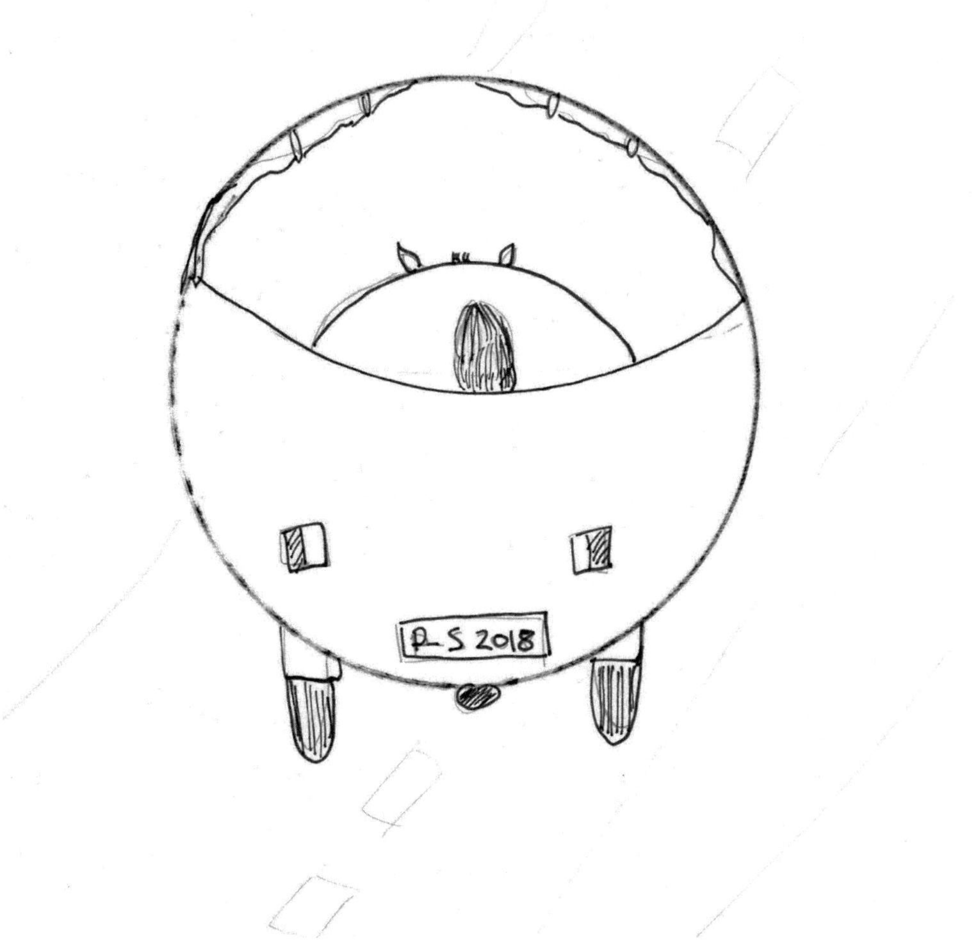

Die Ankunft

Mit Buh-Rufen anwesender Nicht-Murmelreiter bei Ankunft ist zu rechnen. Das Bewerfen dieser mit Pferdeäppeln kann notwendig, als Einstand jedoch ungünstig sein.

Bei der Ankunft des Ponys am Hof, neigen Schaulustige dazu, den Neuzugang umgehend ausführlich zu begutachten und zu bewerten.

Bei dieser Expertenrunde unter freiem Himmel kommen bisher verborgen gebliebene kleinste Mängel schnell zutage. Eine Ankaufsuntersuchung erübrigt sich demnach oft, wenn diese durch die Meinung zahlreicher, dem Tierarzt auf seinem Wissensgebiet haushoch überlegene, Laien vor Ort ersetzt werden kann.

Die Ausrüstung

Sie besteht aus einer Trense und einem Passt-Sowieso-Nicht mit Zubehör (Steigbügel, 3km Gurt, Unterlage).
Bei Ponyreitern besonders populär sind Sattelunterlagen aus der beliebten Esgehtschon-Kollektion.

Hoch beliebt sind hier die Farbkombinationen „Hairy Blackdandruff" (Schwarz/Schuppen/Schimmelhaar), „Psychedelic Sweat Petrol" (psychedelisches Schweißrandmuster/Petrol) oder „Crumbled Anycolor" (verknittert/verschiedene Farbgebungen).

Expertentipp!

Eine Schabracke in einer Knallfarbe kann von eventuellen Problemzonen ablenken. Doch merke: breite Streifen sind unvorteilhaft und können auch nicht von reiterlichen Unzulänglichkeiten oder fettigen Reiterhaaren ablenken.

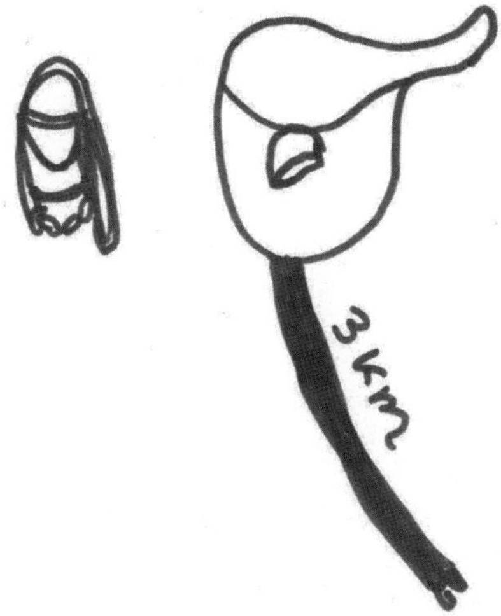

Ein PasstSowiesoNicht

Das Reiten

Das Entfernen des Reithamsters von der Fressfläche ist Laien nicht möglich. Als Wurzelzeher können sich die Tiere blitzschnell im Erdboden verankern und dort buchstäblich 'Wurzeln schlagen'. Nur langjährige Erfahrung, Gewalt oder Bestechung sind hier zielführend. Gelegentlich kann auch das Einwerfen von € 1 in Betracht gezogen werden, um das Tier ins Rollen zu bringen.

Zum korrekten Ponyreiten wird die Reitkugel in die Murmelbahn gerollt. Achtung: Der in Höhe der sich bereits in der Bahn befindlichen Reitelefanten vorherrschende Fahrtwind ist nicht zu unterschätzen. Ein gerufenes „Tür frei bitte" des am Tor wartenden Ponyreiters wird von Reitelefantenreitern

in der Regel überhört. Dies kann dazu führen, dass Ponyreiter sich kamikazegleich ins Getümmel stürzen müssen und binnen weniger Sekunden platt sind wie eine Briefmarke. Daher ist die Verwendung eines Megaphons ist hier dringend anzuraten.
Beim Reiten ist stets zu bedenken: das Pony befindet sich in einer Extremsituation. Reithamster sind Dauerfresser.
Die Reduzierung der Fresszeit von 24 auf 23 Stunden durch Reiten oder ähnliche Aktivitäten setzt die Tiere enorm unter Stress, da sie Gefahr laufen, kläglich zu verhungern.
Darüber hinaus muss das Pony mit seinem Kopf, den es normalerweise - das Kinn zur Hilfe nehmend - auf der Fressfläche fest verankert hat, während der Reitzeit der Schwerkraft Stand halten. Was zusätzlich zur psychischen auch eine physikalische Belastung bedeutet.
Auf die tiefe Betroffenheit des Ponys zu Beginn der Reitstunde ist also dringend Rücksicht zu nehmen. Es ist anzuraten, ein Taschentuch parat zu halten, falls es weinen muss.

Viele Ponys erwarten schon im Voraus eine Entschädigung für die extreme Belastung („Vorschussmöhren“).
Wird dem Stoppelhopser keine Belohnung vor Beginn der Reiteinheit gereicht, ist mit Beschaffungskriminalität zu rechnen. Hierbei wird das Pony jegliche, ihm zur Verfügung stehende Waffe einsetzen, um sich Zugang zu eventuell in Taschen vorhandenen Leckerbissen zu verschaffen.

Zum Einsatz kommen eventuell akustische Belästigung (Scharren, gegen Eimer oder Wände treten), Schnappen oder das gefürchtete Niedlichstellen. Im letzteren Fall verwandelt sich das Pony blitzschnell in einen an der Autobahnraststätte ausgesetzten Hundewelpen mit tellergroßen Augen.

Doch Obacht!

Es wird dringend angeraten, ein Stück Restmöhre für den Moment unmittelbar nach der Reiteinheit aufzuheben. Andernfalls sieht sich der Reiter bis zum Ende der Reiteinheit permanentem Stress ausgesetzt: Nichts ist belastender, als der Gedanke an ein, aufgrund der ausbleibenden Belohnung, brechendes Ponyherz. Knickknack.

Merke auch: Ein wichtiger Faktor beim Ponyreiten ist Ponys Puste! Schnappatmung und Schweißausbrüche trüben unnötig das Erscheinungsbild. Und: Da es sich um einen Wurzelzeher handelt, ist jeder Schritt für das Tier eine Zumutung und sollte daher wohldosiert sein.
Wird dies außer Acht gelassen, kann der Ponymatismus schnell in den „Nö"-Modus springen. Ein ärgerlicher Zustand, der sich nur durch die Konsultation eines erfahrenen Ponyisten auflösen lässt. Ein sich im Nö-Modus befindliches Pony ist darüber hinaus ein gefundenes Fressen für Bandenkrähen.

Diese, sich meist am Rande der Reitbahn oder hinter der Bande aufhaltenden Spezies, sezieren mit großer Leidenschaft besonders Ponyreiter bis auf die Knochen. Zu erkennen sind Bandenkrähen meist an Kicher- und Zischlauten.
Bandenkrähen stellen in vielen Reitställen ein großes Problem dar. Bis auf Missachtung ist noch kein probates Mittel gegen Bandenkrähen bekannt.

Die Trainerwahl

Das reiterliche oder gar pädagogische Vermögen des Trainers ist bei seiner Auswahl zweitrangig. Da das Pony im Training in der Regel ohnehin macht, was es will, kann sich bei der Auswahl des Trainers auf rein optische Aspekte beschränkt werden. Merke: Das Exterieur des Trainers ist das A und O! Auf eine gut bemuskelte Vor- und Hinterhand sollte unbedingt geachtet werden. Sollte der Trainer um Anregungen in Hinblick auf seinen Unterricht bitten, kann ihm das Tragen figurbetonter Reithosen oder Longchaps empfohlen werden. Diese machen sich in Kombination mit Muskelshirts besonders gut.

Die Disziplinen

Die Freiheitsdressur

Ponys eignen sich hervorragend für zirzensische Lektionen und Bodenarbeit. Eine Förderung ihrer natürlichen Talente führt schnell zu großen Erfolgen.
Ein beliebtes Kunststück ist beispielsweise der Zaunlatten-Limbo. Für das Training genügt in der Regel eine fettere, benachbarte Weide oder ein Eimer Möhren in der Nähe des Zaunes.

** „limbo fencedance" stammt ursprünglich aus Irland, wo bis heute noch Meisterschaften in dieser Disziplin, ausschließlich unter Ponys, durchgeführt werden.*

Weitere beliebte Lektionen sind das „Umschubsen", das „Taschen leeren" und das „Klopflied". Bei Letzterer wird sich die Ungeduld des Reithamsters zunutze gemacht.
In der Box (vgl. „Kugellager") untergebracht, klopft das Pony, bei korrekter Ausübung der Lektion, vielfältige Melodien.
Als besonders populär hat sich, aufgrund des hohen Wiedererkennungswertes, hier das Lied „Da steht ein Pferd auf dem Flur" erwiesen.

Ponys sind darüber hinaus begnadete Talente in der Disziplin „Stepptanz am Anbinder" und „Euroscheine fressen" – aufgrund der Vielseitigkeit der meisten Tiere ist der Lektionspalette keine Grenze gesetzt. Die Freiheitsdressur eignet sich auch hervorragend für beim Waschen eingelaufene und daher nicht mehr reitbare Ponys als Beschäftigungstherapie.

Geländereiten

Ponys sind in der Regel begeisterte Geländegänger (sofern es sich um den Rückweg zum Stall handelt).
Die Kombination der Ponytypen im Gelände ist mit Bedacht zu wählen. Die Paarung Schrecke/Schrecke beispielsweise ist ungünstig, da Schrecken sich gegenseitig und gemeinsam erschrecken. Schneckenreiter sollten ihren Ausrittpartner dazu anregen, sich ggf. etwas Lektüre mitzunehmen, um eventuelle, mehrstündige Wartezeiten zu überbrücken.
Grundsätzlich ist im Gelände erhöhte Vorsicht geboten! Dies betrifft insbesondere das Durchreiten saftiger Wiesen, da hier mit Aquaplaning aufgrund des erhöhten Speichelflusses des Reithamsters zu rechnen ist.

**Die Gefahr des Aquaplaning ist besonders im Frühjahr nicht zu unterschätzen!*

Dressur/Springen/Turnierreiten

Insbesondere breitensportliche Veranstaltungen erfreuen sich im Kreise der Turniermurmelreiter großer Beliebtheit. Eine Neuauflage des Aufgabenheftes, auf die noch gesondert eingenagen werden soll, könnte hier hilfreich sein, auch Reithamstern den Weg auf das Siegerpodest zu ebnen. Allein der Name Breitensport weist schließlich darauf hin, dass klapprige, schmale Reitelefanten von diesen Veranstaltungen ausgeschlossen werden und breiten Tieren Vorzug gegeben werden sollte.

Grundsätzlich sind beim Turnierreiten einige Grundregeln einzuhalten. Dazu gehört, dass auf Abreiteplätzen die Regel „rechts vor links" durch „drunter und drüber" aufgehoben wird. Dies bedeutet, das Ponyreiter den Weg unter dem Reitelefanten hindurch zu wählen haben, um eine Kollision zu vermeiden.

"drunter"-Reiten in seiner korrekten Form

Als Vorbereitung auf den Wettkampf ist die sorgsame reiterliche Erarbeitung der Aufgabe P1 (Dressur) oder der PS2 (Springen) zu empfehlen. Beide Aufgaben gehören zu einem Katalog, dessen Aufnahme in das Aufgabenheft derzeit zur Diskussion steht, da so auch Ponyreitern ein Turniererfolg ermöglicht wird. Das Äppeln vor dem Richtertisch wurde hier erfreulicherweise vom Gremium zugelassen, während das Verspeisen der Blumendeko aus gesundheitlichen Gründen nicht ins neue Regelwerk aufgenommen werden konnte.

Aufgabe P1

Exklusiv für Ponys
Murmelbahn 20x60
Dauer: ca. 5-55 Minuten

1	A X	Einreiten im Schneckentempo
2	irgendwo vor X	Halten. Äppeln.Anreiten im Zackelschritt
3	C	Rechte...linke...? Linke! Hand. Ganze Bahn. Ecken abrunden
4	M	Antraben, dabei mit dem Kopf schlagen.
5	B	Ruckartig durchparieren zum Schritt
6	C	Bei den Blumen einen einfachen Haken geritten
7	F	Antraben. Hallooo? Antraben!
8	A-X-A	Auf dem Ei geritten, Zügel aus der Hand zerren lassen.
9	X	Laut schnorcheln. Aus dem Ei wechseln.
10	A	Im Kreuzgalopp angaloppieren. Ganze Bahn.
11	H	Stolpern und ausfallen.
12	C	Sofort durchparieren zum Schritt.
13	weit vor A	Abrupt auf die vermeintliche Mittellinie geritten,
14	vor X	Halten, grüßen, dabei Gerte fallen lassen. Mit hochrotem Kopf die Bahn verlassen.

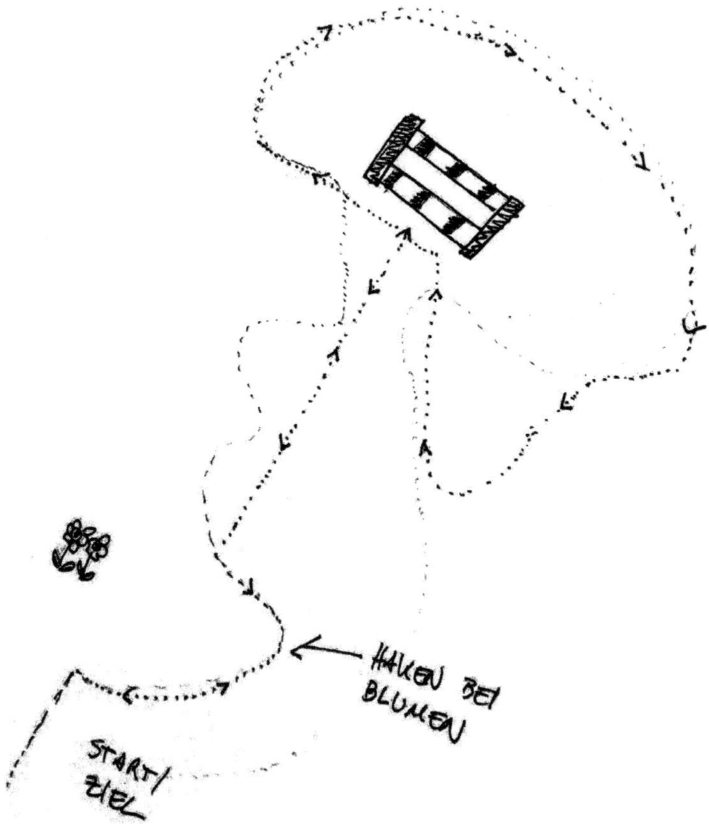

Parcoursskizze PS2:

Die Linie zum Sprung kann variabel (schnörkelig oder gerade) gestaltet werden. Auf den Rechtshaken auf Höhe der Blumen sollte jedoch keinesfalls verzichtet werden! Je schärfer die Vollbremsung vor dem Sprung, desto höher die zu erwartende Punktzahl. Der Sprung wird, möglichst nicht gerade, 3x angesteuert und dann mit einer eier oder pilzförmigen "Volte" umritten. Beim Verlassen des Kurses ist der erneute Hakenschlag auf Höhe der Blumen unbedingt zu beachten!

Zu guter Letzt

Unabhängig von der Art der Reiteinheit, sei hier nochmal die enorme Wichtigkeit der Belohnungsmöhre unmittelbar nach dem Absitzen erwähnt. Im Anschluss an die Überreichung dieser ist Eile geboten,denn das Pony befindet sich nun in einem dem Hungertod nahen Zustand und wird überdies von einem starken Panierungstrieb heimgesucht.
Diesen verdeutlicht es seinem Reiter gerne durch intensives Reiben des Kopfes am Körper des Menschen, der dabei meist zu Fall kommt. Ponyreiter nutzen diesen zunächst unfreiwilligen Bodenkontakt, um hier in tiefer Dankbarkeit vor dem Pony niederzuknien und sich für die Reiteinheit zu bedanken.
Trotz eventueller Blessuren wird dem Reiter angeraten, im Anschluss nun keine Zeit zu verlieren und das Pony schnellstmöglich seiner Fressfläche zuzuführen, um den Hungertod zu umgehen. Eine schnellere Gangart wird von den meisten Ponys auf dem Weg zur Fressfläche ohnehin angeboten.

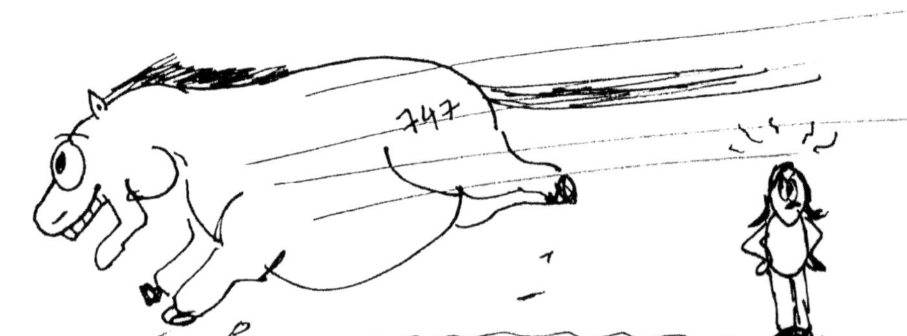

**Abb.: Eine Boingboing 747 beim Start*

Hier können Spitzengeschwindigkeiten von bis zu 335 km/h erreicht werden. Reitern, die diesem Tempo nicht Stand halten können, sei die Begleitung des Reithamsters zur Koppel auf einem Motorrad oder mit einem Düsenjet empfohlen.

Beim Panieren stoßen Ponys meist Grunzlaute aus.
Dies ist auf ihre Vorfahren zurückzuführen (Ponys stammen von den Wildschweinen ab, bei denen das Wälzen einen wichtigen Bestandteil der Fellpflege bildet). Genau wie ein Hund, der soeben gebadet hat, möchte auch ein paniertes Pony unbedingt auf den Arm seines Reiters. Tun Sie ihm den Gefallen. Sie werden es erst morgen wiedersehen. Also: Knuddeln Sie Ihren geliebten Reithamster. Ganz, ganz doll.

ISBN 978-3-7467-4719-4
9 783746 747194 00001
www.epubli.de